小さな人生論 ポケット名言集

Hideaki Fujio
藤尾秀昭

致知出版社

ポケット名言集「小さな人生論」＊目次

装　幀――川上成夫
挿　画――中野素芳
編集協力――柏木孝之

第一章

いかに生きるか

国に四維あり

時を超え、所を超え、いまに残る言葉がある。
幾時代もの波に洗われ、
様ざまな状況や条件にさらされて生き残ってきた言葉には、
凝縮された真理が多くの胸に迫る響きとなって轟《とどろ》かずにはいない。
『管子《かんし》』に次のような一句がある。

「国に四維あり。
一に曰《いわ》く、禮《れい》。

二に曰く、義。

三に曰く、廉《れん》。

四に曰く、恥」


国家を維持するには、四つの大きな綱領《こうりょう》がある。

それは礼であり、義であり、廉であり、恥である、というのである。

いまわが国に礼ありや、義ありや、廉ありや、恥ありやと問うとき、心ある人ならば、暗然とならざるを得ないのではないだろうか。

一人ひとりが国である

国も社会も会社も自分の外側にあるもの、向こう側にあるもの、
と人はともすれば考えがちである。
だが、そうではない。
そこに所属する一人ひとりの意識が
国の品格を決め、社会の雰囲気を決め、社風を決定する。
一人ひとりが国であり、社会であり、会社なのである。

心の花を咲かせる

雑草は放っておいてもまたたく間に繁茂《はんも》する。

しかし、美しい花は、水を与え、肥料をやり、虫を除け、丹精《たんせい》込めて育てなければ花開かない。

人間の心も、それと同じである。

放っておくと、雑草が生える。

心の花を咲かせるためには、絶えず心を見張り、雑草を抜き取らなければならない。

溌剌颯爽

溌剌颯爽《はつらつさっそう》——。
いつも気持ちをさわやかにしておく。
いつも、さっそうとした気分でいる。
溌剌颯爽こそ、心の雑草を取り、心の花を咲かせるために、
欠かせない必須《ひっす》の条件である。

後から来る者のために

一人ひとりを丁寧に教育し、根づかせ、成長をうながす。
だが、そうして育てた人たちが担う時代の豊かさを、
先人が享受《きょうじゅ》することはない。
それでも人を育て続けなければならない。
それは命を受け継いで後から来る者に対する、
先行する者の不可欠の責務なのだ。

朝鍛夕練

数年前、山口県萩《はぎ》に旅し、高杉晋作二十五歳のときの書というのを見た。
墨痕《ぼっこん》鮮やかという言葉が陳腐化《ちんぷか》してしまうほど、
それは雄渾《ゆうこん》な気品と力強い気迫、熟成した風格をもって迫り、
二十五歳の青年が書いたものとはとても思えなかった。
朝に武勇に励み、夕べに四書五経《ししょごきょう》をはじめとする古典に浸《ひた》る。
幼少期よりの朝鍛夕練の陶冶《とうや》があって、
あの書に結実したことは想像に難くない。

古典に心を洗う

古典に親しみ、古典に心を洗う。
その習慣を取り戻さなければならない。
熟成したおとなの人格の涵養《かんよう》のために。

夢を実現する能力

夢を持ち、その夢を実現すべく燃えることができるのは、
全生物のなかでも人間だけである。
天から授かったこの能力を
フルに発揮する人生を送りたいものである。

稽古三十年

宮本武蔵は『五輪書《ごりんのしょ》』の「水の巻」の最後でこう言っている。

「千日の稽古《けいこ》を鍛とし、
萬日の稽古を練とす」

千日といえば、ざっと三年である。
稽古に稽古の三年を費やして、ようやく鍛え上がる。
その鍛え上げたものを土台に
三十年の稽古を積み重ねて初めて練り上がるというのである。

心を鍛える

見事な人生を生きた人たちは例外なく、

「物事を前向きに考える」

「感謝の心を忘れない」

「愚痴《ぐち》をこぼさない」

「明るく謙虚である」

という方向に、自分の心を鍛え続けてきた人たちである、
ということを忘れてはなるまい。

師への愛

西南の役の折、
豊前中津藩《ぶぜんなかつはん》からも有志が中津隊を結成して西郷隆盛の軍に参加した。
だが戦い利あらず、敗北が決定的になる。隊長の増田宋太郎《ますだそうたろう》は隊士に、
「われわれ中津隊の役目は終わった。自分は残るが、みんなは故郷に帰れ」
と言う。なぜ隊長だけ残るのか、と反問する隊士に、増田はこう答えた。
「吾《われ》、此処《ここ》に来たり、始めて親しく西郷先生に接することを得たり。
一日先生に接すれば一日の愛生ず。三日先生に接すれば三日の愛生ず。
親愛日に加わり、去るべくもあらず。今は、善も悪も死生を共にせんのみ」
かくて増田は西郷と共に城山《しろやま》に果てた。

心耳を澄ます

日々の営みに追われ、忙殺《ぼうさつ》されている時、
人は大事なものを見過ごしてしまうものらしい。
多忙な日常がつくり出す騒々《そうぞう》しい心、浮ついた心、がさついた心、
心がそういう状態にある時、
どんな出会いも命を孕《はら》むことなく素通りしてしまう。
心耳《しんじ》を澄《す》まさなければ聞こえてこない世界がある。
見えてこない世界がある。

心耳を澄ます―2

いま、世情は先行きの見えにくさ、
とらえどころのない不安な予感にいたずらに騒ぎ立ち、
あるいはそこから目を背けて浮薄《ふはく》に浮き立ち、
流されていく気配が濃い。
このような時だからこそ、
しばしでいい、足を止め、
心耳を澄ます時間を持つことが必要なのではないだろうか。

寧静致遠

諸葛孔明《しょかつこうめい》はわが子を戒《いまし》めた手紙にこう記している。

「寧静《ねいせい》に非《あら》ずんば以て遠きを致《きわ》むるなし」

寧静でなければ遠くまできわめることはできない、遠大な理想を実現することはできない、というのである。

八字を去る

呂新吾《りょしんご》の『呻吟語《しんぎんご》』もこう述べている。
「躁心《そうしん》・浮気・浅衷《せんちゅう》・狭量《きょうりょう》・此八字《このはちじ》は、徳に進む者の大忌《たいき》なり。
此八字を去るに、只《た》だ一字を用ひ得。曰《い》はく静を主とす」
騒がしい心、浮ついた心、浅薄《せんぱく》な心、偏《かたよ》って狭い心では、
徳に至ることはできない。
徳を身につけようとするなら、ただただ静謐《せいひつ》であれ、ということである。

光を灯す

心に光を灯《とも》された体験は誰にでもあるのではないだろうか。
人の心に光を灯す。
それは自分の心に光を灯すことでもあるのだ。

哲学と南十字星

哲学とは、例えれば南十字星のようなものだろう。
南十字星さえ見失わなければ、
羅針盤がなくても船乗りは航路を誤ることはない。

四耐

「求道《ぐどう》は一生のことである。そのためには
冷に耐え、
苦に耐え、
煩《はん》に耐え、
閑《かん》に耐える。
これをもって大事をなす」

――安岡正篤《やすおかまさひろ》師の言葉

言葉が運命を拓く

人物とは言葉である。
日頃どういう言葉を口にしているか。
どういう言葉で人生をとらえ、世界を観《み》ているか。
その言葉の量と質が人物を決定し、
それにふさわしい運命を招来《しょうらい》する。
運命を拓く言葉の重さを知らなければならない。

価値を見出し、価値を信じる

『致知《ちち》』の取材を通して数多くの経営者に接してきたが、一業を成した人には、突出して二つの共通した要素があるのを感じないわけにはいかない。

一つは、「価値を見出す力」である。

自分の置かれた環境、そこに結ばれる縁、携わる仕事等々に、多くの人はさしたる感興《かんきょう》も覚えず、それらはたまたまのもの、ありきたりのものと見なしがちである。

だが、一業を成した人はそこに独特の強烈な価値を見出すのだ。

もう一つは、価値を「信じる力」である。

信念の力

価値を見出す力。
その価値を信じる力。
これこそ信念の力である。
信じ念じる力が道のないところに道をつくり、
人を偉大な高みに押し上げていくのである。

縁尋機妙　多逢勝因

「縁尋機妙《えんじんきみょう》」――安岡正篤師がよく口にされた言葉である。

「よい縁がさらによい縁を尋ねていく仕方が実に機妙である」

という意味である。

また、安岡師はこれと対句のように、

「多逢勝因《たほうしょういん》」――という言葉もよく説かれた。

「よい人に交わっていると、気づかないうちに、よい結果に恵まれる」

ということである。

縁尋機妙　多逢勝因―2

大事なのは与えられた縁をどう受け止めるかである。
そしていかに勝因を創るか、である。
良縁を起点とした縁尋機妙、多逢勝因のサイクルを
人生に構築していくことこそ要《かなめ》であろう。
よき人に交わり、よい縁をさらに発展させ、
心を養い、真実の学びを続けていく人生を心がけたいものである。

人間力

人間力とは人間の総合的な力のことだろう。
知識、技能、教養、人間関係力、実行力、徳性といった
もろもろの要素が総合して練り上げられ、発酵《はっこう》し、結晶するもの、
それが人間力であろうと思われる。
中には金力や財力、地位といったものも人間力の重要な要素、と言う人もいる。
確かに、現実的にはそれも一つの要素には違いない。
だが、それらをすべて失っても、
なお輝きを失わぬ人格の力こそ
人間力と言うべきだろう。

歴史を切り開く条件

時代の古今、洋の東西、分野の差異を問わず、
新しい歴史を切り開いた人たちがいる。
それらの人たちに共通する条件を一つだけ挙げれば、
こう言えるのではないか。

困難から逃げなかった人たち、
困難を潜《くぐ》り抜けてきた人たち——だと。

歴史創新

新しい時代に適《かな》った夢と志を実現する。
「歴史創新」とはこのことである。
そして、夢と志を実現しようとする者に、
天は課題として困難を与え、試すのではないか。

策は必ずある

松下幸之助の言葉が聞こえる。

「百遍《ひゃっぺん》倒れたら百遍立ち上がれ。

万策《ばんさく》尽きたと言うな。

策は必ずある」

困難から決して逃げない——私たちの歴史もそこから開けてくるのだと肝に銘《めい》じたいものである。

守破離

「守破離《しゅはり》」という言葉がある。
世阿弥《ぜあみ》の『花伝書』に書かれ、また武道などでも言われる、修業の姿を示す言葉である。

厳しく鍛えて基礎を完璧《かんぺき》に自分のものにするのが「守」である。
その向こうに創造性が芽生《めば》える。「破」である。
そして自分のリズムで自在に動く境地が出てくる。それが「離」である。

これはそのまま「我流《われりゅう》」の姿でもある、と言えるだろう。

「離」に至るのは至難の業である。

だが、「守」がなければ「破」にも「離」にも至り得ないことを我々は知るべきである。

我流

「我流《われりゅう》」とは、単なるわがままのことではない。
単なる気まま、自分勝手のことではない。
リルケの言う「自分自身を成熟させる」ことである。
大いなる理想に向け自分自身を成熟させていく、
そのプロセスの果てに自然に生まれてくる、あるいは形成される、
その人なりの流儀――それこそが「我流」なのである。

人物の味わい

知識ではなく、その人の体全体から滲《にじ》み出る味わいでその人物がわかる。
また、そういう人にならなければなりません。

——元京大総長・平澤興《ひらさわこう》氏の言葉

雌伏の時

作家の五木寛之さんから聞いた話がある。
朝顔の花は朝の光を受けて咲くのだと思われていた。
しかし、ある植物学者が
朝顔のつぼみに二十四時間、光を当てていても、花は咲かなかった。
朝顔の花が咲くには、
朝の光に当たる前に、
夜の冷気と闇に包まれる時間が不可欠なのだという。

天からの封書

「人はこの世に生まれ落ちた瞬間、
全員が天から封書《ふうしょ》をもらって生まれてくる」

――哲学者・森信三氏の言葉

第二章

試練を越える

プロとアマ

プロは「絶対に成功する」という責任を自分に課している。
絶対に成功するためには徹底して準備をする。
準備に準備を重ねる。自分を鍛えに鍛える。
そうして勝負の場に臨むから、プロは成功するのである。
アマは準備らしい準備をほとんどせず、
まあ、うまくいけば勝てるだろうと、安易な気持ちで勝負に臨む。
この差が勝敗の差となって表れてくるのである。

表現を変えれば、プロは寝てもさめても考えている人である。

起きている時間だけではない、寝ても夢の中にまで出てくる。
それがプロである。
少しは考えるが、すぐに他のことに気をとられて忘れてしまうのが
アマの通弊《つうへい》である。

最後に一流といわれるプロに共通した条件をあげる。
それは
「神は努力する者に必ず報いる、と心から信じている」
ということである。
不平や不満はそれにふさわしい現実しか呼び寄せないことを知り、
感謝と報恩の心で生きようとする、
それが〝一流プロ〟に共通した条件であることを付言しておきたい。

鳥が選んだ枝　枝が待っていた鳥

鳥が選んだ枝　枝が待っていた鳥

陶芸家・河井寛次郎《かわいかんじろう》の言葉です。
一見、何の変哲もない言葉です。
ボヤッとしていると、
見落としてしまいそうな言葉です。
どこにでもある風景です。

しかし、陶芸という仕事に命を懸けていた鋭敏な陶芸家の眼は、この風景を見た時に、
おそらく、悟りに近い感慨を覚えたのだろうと思います。
そして、その感動と覚醒《かくせい》をこの寸言に表したのです。
「私」と「仕事」、「私」と「会社」、そして「人」との関係もかくありたいものです。

節から芽が出る

節《ふし》から芽が出る。

あるとき、いただいた挨拶状の片隅に、
たったひと言、この言葉がしたためられていた。
当時、苦しい状況の中にあることを見越してある方が
添えてくださったのである。

大悪起これば大善来る

「大悪起これば大善来《きた》る」――と仏法では言われている。
小さなよいことは、日常の中でもしょっちゅう起こる。
しかし、大善――本当に大きなよいことは、
こんな苦しみはもういやだと言いたくなるような、
大悪が起こったあとにやって来る、というのである。

苦難は天の意

苦難は私たち自身をさらに成長させ、
新しい世界を開いてくれようとする天の意であることを、
先知先賢の言葉は教えてくれている。

生き方を正す

横に転がったコップにいくら水を注いでも空しい。
ちゃんと立っているコップでなければ、
注がれる水を貯えることはできないのだ。

人を大成させるもの

こういう言葉もある。

「苦しみに遭《あ》って自暴自棄《じぼうじき》に陥ったとき、人間は必ず内面的に堕落《だらく》する。
同時に、その苦しみに耐えてこれを打ち超えたとき、
その苦しみは必ずその人を大成せしめる」（ペスタロッチ）

霜に打たれた柿の味、辛苦に耐えた人の味

「霜に打たれた柿の味、辛苦に耐えた人の味」
――しみじみと胸に響く言葉である。
軒端に吊《つ》るされた渋柿《しぶがき》は冬の寒天にさらされ、
霜に打たれることで何とも言えぬ美味に染まる。
人間も同じである。
辛苦に耐えることで人としての風味を増すのだ。

日向だけの男は暴力である

ある文芸評論家が、こう言っている。

「日陰がなく、日向《ひなた》だけの男は暴力である」

病気を知らず、逆境に悩んだこともなく、挫折《ざせつ》に苦しんだこともない。

人生の陰影《いんえい》に乏しく、ただ明るいだけの男は、
存在そのものが堪《た》え難い、というのである。

辛苦を味に変える

辛苦を味に変えるような人生をこそ、生きたいものである。

丹精を込める

真の活学は人の相を変え、運命をも変える。
自分の仕事に、人生に、そして自分自身に丹精を込めていく。
そういう人生の在り方を模索したい。

涙の意味

生理学的に言うと、
涙があるから眼球は潤《うるお》い、ものを見ることができるのだという。
人生もまた涙することで方向を見定め、
その長い旅路を歩んでいくことができるのだろう。

目覚めの時

「常に悲感を懐《いだ》きて心ついに醒悟《せいご》す」——釈迦《しやか》の言葉である。

常に深い悲しみを胸の奥に秘め、その悲しみを大切にして歩み続けるとき、人はついには悟りに目覚める、という意味である。

生きているとは愛されていること

二年前、宇都宮の内観《ないかん》研修所で一週間、内観をしたことがある。
その時に、はるか遠くに忘れていた記憶が
不意によみがえってきたような思いが胸中をよぎった。それは、
「生きているということは愛されているということだ」
という思いである。
いま仮に、どんな状況の中にあろうとも、
その状況がどんなに不遇な恵まれない状況にあろうとも、
そこに生きているということは
すでにたくさんの愛情に恵まれ支えられてきた、
ということである。

人は人によって輝く

一人で発光している人はいない。
どの人も人の愛を受けて光っている。
人は人によって輝くのである。

かけがえのない人間の資質

感動は人を変える。
笑いは人を潤す。
夢は人を豊かにする。
そして、感動し、笑い、夢を抱くことができるのは、人間だけである。
天から授かったこのかけがえのない資質を育《はぐく》み、
さらに磨いていくところに、
前向きの人生は拓けるのではないだろうか。

前向きに生きる

人間の目は前に向かってついている。
前向きに生きるのが人間であることを表象《ひょうしょう》しているかのようである。

させていただく

「仕事は自分がしているのではない」
いろいろな縁の中でたまたま自分がさせてもらっているのだ。
自分ではなく他の人でもよかった仕事を、
めぐり合わせの中で自分がさせてもらっているのだ。
この仕事をさせていただいていることに感謝し、
もっと自分を磨き、高める努力を惜しんではならない。

一筋に愚直に

「どんな仕事でも、それに徹《てっ》すれば、その仕事を中心に、無限といっていいほど広がっていくものだ」――松下幸之助

「ある一事を通してものの深さを知ることができれば、その目、その頭で万事を考えるようになる。そして、その真実に近づけるのである」――平澤興

「どんな一事、一物からでも、それを究尽《きゅうじん》すれば、必ず真理に近づいていき、ついには宇宙、天、神という問題にぶつかるものだ」――安岡正篤

表現こそ違え、三者の言は通底《つうてい》している。

「仕事に決して手を抜いてはならない」

「人生は投じたものしか返ってこない」

「成功不成功は能力ではなく、真剣如何《いかん》である」

――二十五年、一筋に愚直に仕事に打ち込んできた実感である。

読書復興

碩学《せきがく》・安岡正篤師は「人物」を磨くための条件として、次の二つを挙げている。

一、すぐれた人物に私淑《ししゅく》すること。
一、魂のこもったすぐれた書物を読むこと。

いま、子どものみならず大人も本を読まなくなった、と言われている。
しかし、読書力の低下はそのまま人間力の低下につながり、
国の衰退《すいたい》になりかねないことを私たちは肝に銘じ、
その復興に努めなければならない。

「七歳の児童たちの読書量が、
将来の世界における英国の位置そのものである」
イギリスのブレア前首相の言と聞く。卓見《たっけん》である。

中途半端は禁物

中途半端《ちゅうとはんぱ》な姿勢でやっていたら、
何十年やろうと、
人はその仕事から何も得ることはできない。

仕事と人生

仕事と人生は別のものでない。一対《いっつい》である。
充実した仕事が充実した人生をつくるのである。

天真

人は皆、一個の天真《てんしん》を宿してこの世に生まれてくる、という。
その一個の天真を深く掘り下げ、高め、仕上げていくことこそ、
各人が果たすべき人生のテーマといえるのではないか。

永遠のテーマ

「我行《がぎょう》精進《しょうじん》、忍終不悔《にんじゅうふげ》」

――わが行《ぎょう》は精進《しょうじん》して忍《しの》んで終《つい》に悔《く》いない。

『大無量寿経《だいむりょうじゅきょう》』の言葉である。

永遠の人生のテーマがここにある。

「修養」こそすべての本

中国の古典『大学《だいがく》』は、

修身《しゅうしん》（身を修《おさ》める）
斉家《せいか》（家を斉《ととの》える）
治国（国を治める）
平天下（天下を平らかにする）

を説き、「修身」こそすべての本《もと》であって、
その本が乱れては「末治《すえおさ》まるものはあらず」と断言する。

斉家も治国も平天下もすべては修身
――自分を作ることが根本である、と教えている。
自分を作る営み。
それこそ「修養」にほかならない。

人間を磨く砥石

新井（正明）氏が生涯愛した言葉がある。
「耳中《じちゅう》、常に耳に逆《さから》うの言を聞き、心中、常に心に払《もと》るの事あれば、
わずかにこれ徳に進み、行を修むるの砥石《しせき》なり。
もし、言々耳を悦《よろこ》ばし、事々心に快《こころよ》ければ、
すなわち此《こ》の生を把《と》って鴆毒《ちんどく》の中に埋在せん」
（耳には耳の痛いことばかり、胸には無念なことばかり。
それがわが玉を磨く石となる。
おだてられたり、いいことばかりでは
われとわが身に毒を盛るようなものだ）

徳は事業の基

新井氏が自らの経営の根幹としていた言葉を紹介したい。

「徳は事業の基《もとい》なり。未《いま》だ基固まらずして、棟宇《とうう》の堅久《けんきゅう》なる者有らず」

（その人の徳は、事業を興《おこ》し発展させる基礎である。それはたとえば、まだその基礎が固まらないのに、その家屋が堅固で長持ちすることはないようなものである）

徳は天性ではない。修養の中で育まれ培《つちか》われてくるものであることを、私たちは忘れてはならない。

命のこもった本を読め

安岡正篤師がよくされた話がある。
戦場で第一線から遠ざかった場所では
人はつまらない雑誌か小説を読んでいるが、
だんだん戦場に近づいてくると、
そういう本はバカらしくて読めなくなる。
真剣に精神的な書物を読むようになる。
本当に生命に響くものを求めるようになる。

「つまり、人間は真剣になると、
くだらないもの、浅はかなものは嫌になるのです。
本当に命のこもった尊い本でなければ身にこたえない」

一篇の詩

人間は生涯を通して一篇《いっぺん》の詩を書くために生きている。
逆にいえば、
人間は一篇の詩となるような人生を生きなければならない。

人生で真剣勝負をした人

この二十数年、『致知』のインタビューを通して、感じたことがある。
それは、
「人生で真剣勝負した人の言葉は詩人の言葉のように光る」
ということである。
人生で真剣勝負をした人の言葉は、その人が詩人でなくとも、
その真剣な人生体験に深く根ざした言葉は詩人の言葉のように光り、
人びとの心を打つのである。

詩が生まれる時

日常生活のあわただしさに翻弄《ほんろう》されている中で、詩は生まれない。
深い人生の喜び、悲しみ、喜怒哀楽のたぎった時に、
土中にある種が芽をふくように、
詩は心の底から生まれてくるのである。

天が与える試練

壁に苦しみ、悩み、傷つき、苦悶《くもん》し、格闘する中で、
人は人格を成長させていく。
壁はその人の能力をさらに高め、魂を磨き、本物の人物にするために、
天が与えてくれる試練だ。

壁から学ぶ

壁に対し、逃げてはならない。
壁は私たちが何かを学ぶために、私たちの目の前に現れてくるのだ。
そのことを肝に銘じておきたい。

第三章

日々前進する

異質との出会い

同質のものを結びつけても進化は起こらない。
異質のものを結びつけてこそ進化は起こる。
異質の人、異質の体験、異質の環境との出会いによって、
人はその人間進化を深めていくことができる。

日に新たに、日々に新たに

殷《いん》の湯王《とうおう》の自銘《じめい》がある。

「苟《まこと》に日に新たに、日々に新たに、又《また》日に新たなり」

日々心を新たに、旧来の陋習《ろうしゅう》を去り、進化していくことは、個人にも組織にも必須の課題である。

熱意、誠意、創意

人が仕事を成就するために欠かせないもの、
それが熱意であり、誠意であり、創意である。

情熱こそ創造の源泉

熱意のないところには何物も生まれない。
熱意、情熱こそ創造の源泉である。
物事を創業、創始した人はすべて、ただならぬ情熱の持ち主である。
情熱の権化《ごんげ》である。
例外はない。

誠は扇の要

人間、情熱だけで突っ走っても、それなりにうまくいくものである。
しかし、それはあくまでも一時期である。
人間としての誠実さを欠くと、必ずどこかで崩《くず》れる。
歪《ゆが》んだ結果しか手にできない人生になってしまう。
「誠は扇の要」という。
小さな要があることで扇はその形を保つことができる。
要を外せばバラバラになってしまう。
どんな才能、才覚、情熱があっても、
誠実という要がなかったら、
その人生は真の結実に至ることはできない。

創意工夫の日々

絶えず創意工夫する。
昨日よりは今日、今日よりは明日と常に前進するために、
ああしよう、こうしようと考え続ける。
そこに仕事の飛躍《ひやく》が生まれる。

もの盛んなれば心失う

「もの盛《さか》んなれば心失う」という。
いま、人間の欲望享楽《きょうらく》を満たす手段はかつてないほどに繁栄した。
それに比例するように、
自分さえよければいい、いまさえよければいい
という風潮《ふうちょう》が世に蔓延《まんえん》しつつある。
私たちはいまこそ、
かつての日本人が備えていた美質を努めて涵養していかなければならない。
豊かな後世のために――。

真の大成を求めて

「闘病、投獄《とうごく》、倒産のいずれかを体験しなければ、
　人間、真の大成は期《き》し難い」
――電力の鬼といわれた松永安左ヱ門《まつながやすざえもん》の言葉である。
人生のギリギリのところを通らなければ、
「何のために生きるのか」の解答を骨身に沁《し》みて摑《つか》むことはできない、
ということだろう。

何のために生きるのか

何のために生きるのか
――自らに一度は問うておくべき課題である。

徳を育てる

人は天から徳を授かってこの世に生まれる。
人は誰でも有徳《ゆうとく》の子なのである。
だが、耕されない沃野《よくや》が荒野と化すように、
陶冶がなければ徳は乾涸《ひから》び、涵養されない。

「倹」と「謙」

「倹《けん》」は単にムダ使いをしないということのみではない。
慎むということだ。
「倹」は「謙」である。
傲慢《ごうまん》こそは徳を害《そこな》う最大なるものであることを
私たちは忘れてはならない。

いまをどう生きているか

過去が咲いている今
未来の蕾《つぼみ》で一杯な今

陶芸家・河井寛次郎の言葉である。

なんと美しい言葉だろう。

なんと人に勇気と希望を与える言葉だろう。

しかし、この言葉は「いまをどう生きているか」について、私たちに内省を促《うなが》す言葉であることも見逃してはならない。

喜怒哀楽こそ人生

喜怒哀楽に満ちているのが人生である。
喜怒哀楽に彩《いろど》られたことが次々に起こるのが人生である。
だが、その表面だけを掬《すく》い取り、手放しで受け止めてはなるまい。
喜怒哀楽の向こうにあるものに思いを馳《は》せつつ、
人生を歩みたいものである。

真楽

中江藤樹《なかえとうじゅ》の言葉がある。

「順境に居《い》ても安んじ、逆境に居ても安んじ、

常に担蕩々《たんとうとう》として苦しめる処《ところ》なし。

これを真楽《しんらく》というなり。

萬《よろず》の苦を離れてこの真楽を得るを学問のめあてとす」

「創」の意味

一つの事業を起こす。創業という。
一つの道を切り開く。創始という。
「創」には「傷をつける」という意味がある。
辛苦、辛酸なくして創業は成し得ないということである。

感謝と畏れ

晩年の松下幸之助氏は、「感謝と畏《おそ》れを忘れるな」とよく言ったという。
人生には人知をはるかに超えた働きがある。
その目に見えないものに対する畏敬《いけい》の念を失った時、何が起こるか。
その恐ろしさを熟知した人ならではの、人生の急所を衝《つ》いた言葉である。

苦抜け法

「苦抜《くぬ》け法」と題された一文がある。

「およそ事にあたりて苦しく思ふは下手の証拠なり。
度重《たびかさ》なる毎《ごと》に苦《く》次第にぬけさり、面白味忽然《こつぜん》と湧《わ》かむ、
是上手《これじょうず》になりし証拠なり。
故に苦、いよいよ激しくなる時は
大願成就《たいがんじょうじゅ》、時節到来《じせつとうらい》の数分前なる事を知り、
大死一番《たいしいちばん》勇を鼓《こ》して進め。
苦とは何ぞ、来《きた》れ汝《なんじ》に告げむ。

苦とは外にあらずして内にあり。
自ら苦しと思ふが苦なり。
面白味でてこそものも上手なれ　働いてみよ苦にならぬまで」

出典は分からない。若い頃心に残り、メモしておいたものだ。
江戸末期か明治期のものと思われるが、
一つの域を極めた人の腰の据《す》わった心境が、
ずしりとした手応えとなって伝わってくる言葉である。

心のコップを立てる

運命とは定まっているものではない。
自ら運び、ひらいていくものである。
そのためには心のコップを立てなければならない。
それをなすのが教育である。

母の力

母に愛された記憶こそ、一人ひとりの生きる力の根源である。
その母の力こそ、ひいては日本という国を支えた根本である。

ひたすら生きる

与えられた環境の中でひたすら生きるものは美しい。

命の本質

環境がどうだろうと条件がなんだろうと、
天の運行のように、
自ら彊《つと》めて息《や》まず与えられた命をひたすらに生きる。
それが命の本質であり、
命を躍動《やくどう》させて生きることなのである。

マイナスに感謝する

何かをしてもらって感謝するのは普通のことである。
だが、成功者は自分にとってマイナスのことにも感謝するのだ。
この感謝の念こそ、
大きな障害や困難に直面しながらも、
その局面を打開する力になるのである。

感謝という偉大な力

孔子は「人生でもっとも大切なものは」と問われて
「恕《じょ》」（思いやり）
と答えた。
そのひそみにならえば、
人生の成功者となるためにいちばん大切なものは、
「感謝する」ことである、と答えたい。
どのような状況でも、感謝してありのままに受け入れるとき、
マイナスの条件すらプラスに転ずる。
感謝ほど偉大な力はない。

「いま」「ここ」

人生には「いま」という時間と、「ここ」という空間以外には存在しない。
生きるとは、「いま」「ここ」を間断なく生きる、ということである。
「いま」「ここ」を完全燃焼する。
「いま」「ここ」に全力を尽くす。
――そういう生を生きたいものである。

言葉が生まれる瞬間

一つの言葉が生まれるには、
おそらく、何万人、何十万人という人が同じような思いを味わい、
その思いの集積が飽《ほう》和《わ》点《てん》に達した時、
一滴のしずくがこぼれ落ちるように、
一つの言葉が生まれ落ちてくるのではないだろうか。

命の炎

一人の人間が生まれるためには二人の両親がいる。
その両親が生まれるためには、それぞれ両親がいる。
二代で四人、三代で八人、四代で十六人である。
このように命の起源をさかのぼっていくと、
二十代で百四万八千五百七十六人、
二十五代で三千三百五十五万四千四百三十二人、
三十代で十億七千三百七十四万千八百二十四人という人数になる。
五十代、六十代とさかのぼれば、天文学的数字となる。

その祖先のうち、もし一人でも欠けていたら、私たちの命はない。
命の炎が一回も途切《とぎ》れることなく連綿と続いてきたからこそ、
私たちはいま、この世に生きている。
先祖からの命の炎を託《たく》されて、
私たちはこの世を生きている。

天地を相手に相撲を取る

人は知らずとも、天は知っている、地も知っている、自分も知っている。
そう思って、己《おのれ》の誠を尽くしていく。
人を相手にするのではなく、天地を相手に相撲《すもう》を取る。

精神爽奮

多くの人生の達人が教える人間学のエキスは、
いつ、いかなる状態においても、
常に精神を爽《さわ》やかに奮い立たせることの大切さである。
精神爽奮《せいしんそうふん》――そこに人生を開く鍵があるように思われる。

深遠な幸福論

禅の研究と著述に九十六年の生涯を傾注《けいちゅう》された鈴木大拙《だいせつ》博士が、
こういう言葉を残されている。
「人間は偉くならなくとも一個の正直な人間となって信用できるものになれば、
それでけっこうだ。
真っ黒になって黙々として一日働き、
時期が来れば〝さよなら〟で消えていく。
このような人を偉い人と自分はいいたい」
平明、しかし深遠な一つの幸福論である。

すべて心が決めること

誰の人生にも絶望的な状況はある。
だが、心が受け入れない限り、絶望はない。
同様に、誰の人生にも不幸な状況はある。
しかし、心が受け入れない限り、不幸はない。

開発力

人生を、仕事を発展させていく上で欠かせない能力。
それが開発力である。
開発力なしに会社の成長はあり得ない。
人生も生気溢《あふ》れたものにはならない。

祈り

人力の限りを尽くしたあとは祈るしかない。
そしてそういう状態になった時に、天地は不思議な力を与えてくれる。
困難な仕事を成し遂げた人には共通して思い当たる体験であろう。
「祈り」こそ開発力の極みである。

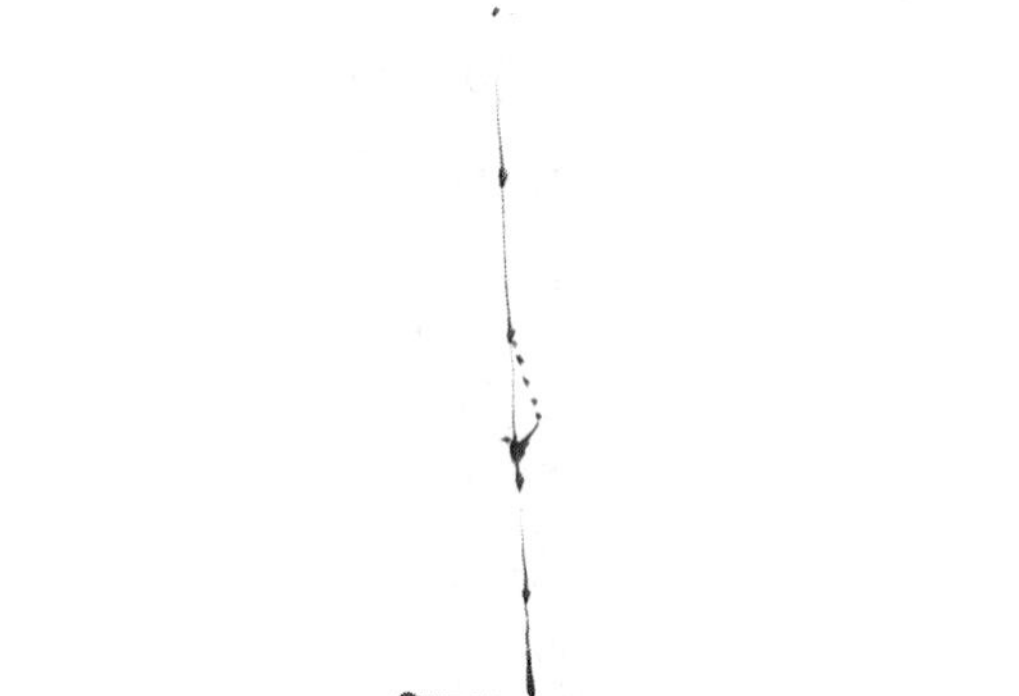

第四章

自分を育てる

心の法則

心には力がある。
その力はプラスにもマイナスにも働く。
それ故、古の聖賢は心を鍛え、調えることの必要を教えた。

心という磁石

人間の心はその波長に合ったものを引き寄せるようにできているらしい。
怖れは怖れを、不安は不安を、怒りは怒りを、引きつける。
人を妬《ねた》み恨む心、驕《おご》り慢心する心は、それにふさわしい事象を引き寄せる。
逆もまた真である。
常に心を善意で満たしている人は善意を引き寄せ、
人に親切にしている人には親切が、
感謝している人には感謝が返ってくる。

心の師となれ

釈迦が晩年に残したという言葉を紹介したい。
「心の師となれ。心を師とせざれ」——。

立志

心は常に乱れる。その心の焦点を一つに定める。立志である。
言い換えれば、
立志とは人生に対する覚悟を決めることだと言えよう。

道は一筋

『致知』に馴染《なじ》みの深い平澤興氏（元京大総長、故人）は、
二十歳の元旦未明に起き、
天地神明を拝《はい》して以下のような座右銘を墨書した。

「常に人たることを忘るること勿《なか》れ。他の凡俗に倣《なら》うの要なし。
人格をはなれて人なし。ただ人格のみ、永久の生命を有す。（略）
常に高く遠き処に着目せよ。
汝《なんじ》若《も》し常に小なる自己一身の利害、目前の小成にのみ心を用いなば、
必ずや困難失敗にあいて失望することあらん。

然《しか》れども汝もし常に真によく真理を愛し、学界進歩のため、人類幸福のため、
全く小我をすててあくまでも奮闘し、努力するの勇を有さば、
如何《いか》なる困難も、如何なる窮乏《きゅうぼう》も、
汝をして失望せしむるが如《ごと》きことなからん。
真の大業、真に生命ある事業は
ここに至ってはじめて正しき出発点を見出したりというべし。
進むべき　道は一筋、世のために　いそぐべからず　誤魔《ごま》かすべからず」

志が人生を決める

人間はどういう志を持っているかによって決まる。
志の高低がその人の人生を決定するのである。
宇宙が目に見えない力によって調和ある活動を保つように、
人間も志を持つことによって調和ある人生を全《まっと》うできるのである。

人間の天敵

地球に住む生命体に宇宙は等しく天敵を与えた。
天敵がいなければあらゆる生命は増長し、蔓延《まんえん》、跋扈《ばっこ》する。
それは調和を愛する宇宙の心に反するということだろう。
ただ、限りない生命体の中で人間にだけ天敵がいない。
なぜか。長い間の疑問だったが、ある時思い至った。
人間の天敵は外ではなく、心の中にいるのだ、と。
人間を襲い、蝕《むしば》む天敵。
それは心の中に巣くう不平不満である。
事あるごとに湧《わ》き起こってくる不平、不満、愚痴こそ、
人間を滅ぼす天敵である。

成長の源

人間を損なう天敵の対極にあるもの、
それが感謝である。
心が感謝の思いに満ちあふれた時、
あらゆる不平不満は一気に消え去る。
感謝こそ
人間という生命体を健やかに成長させる根幹である。

「恩」という字

「恩」という字は「口」と「大」と「心」から成っている。
「口」は環境、「大」は人が手足を伸ばしている姿である。
何のおかげでこのように手足を伸ばしておられるのか、と思う心が
〝恩を知る〟ということである。

根を養う

人が人生という時間軸の中で自らの花を咲かせていくには、
根がなければならない。
根を養っていない人はいささかの風にも傾き、倒れる。
植物も人間も自然の摂理《せつり》の前には等しく、平等である。

ベートーヴェン

耳が聞こえなくなっていく圧倒的な現実を前に、
二十五歳のベートーヴェンは自らを鼓舞すべく、
手帳にこんな言葉を記している。
「勇気を出せ。たとえ肉体に、いかなる欠点があろうとも、
わが魂は、これに打ち勝たなければならない。
二十五歳、そうだ、もう二十五歳になったのだ。
今年こそ、男一匹、ほんものになる覚悟をせねばならない」
聾疾《ろうしつ》という節にひるむことなく、
全情熱、全生命を音楽に捧げ尽くしたところに、
ベートーヴェンという人の偉大さがある。

二度と通らぬ今日というこの道

生涯の旅路

私は私の一生の旅路において
今日というこの道を再び通ることはない
二度と通ることはない
二度と通らぬ今日というこの道
どうしてうかうか通ってなろう
笑って通ろう歌って過ごそう
二度と通らぬ今日というこの道

嘲笑《ちょうしょう》されてそこで反省するのだよ
叱《しか》られてそこで賢くなるのだよ
叩《たた》かれてそこで強くなるのだよ
一輪の花でさえ風雨をしのいでこそ
美しく咲いて薫《かお》るのだ
侮辱《ぶじょく》されても笑ってうけ流せ
蹴《け》倒されても歯をくいしばって忍べ
苦しいだろうくやしいだろう
しかし君、この道は尊いといわれた人たちが
必ず一度は通った道なんだ

（作者不明の詩）

学ばざれば道を知らず

玉、琢《みが》かざれば器《き》を成さず
人、学ばざれば道を知らず

『礼記《らいき》』の言葉である。
玉は磨かなければ立派な器にはならない。
人も学ばなければ立派な道を知ることはできない。
換言《かんげん》すれば、人は学ぶことでどこまでも魂を高めていくことができる。

言葉の力

鍵山秀三郎《かぎやまひでさぶろう》さんは最後の言葉をこう締めくくられた。

「どんなにいい教えを受けても、どんなにいい話を聞いても、その受け止め方、それを自分の人生、事業にどう生かしていくか、その差は天と地ほどの開きがある」

言葉の力は、発する者、受ける者の力量の相乗によって導き出されることを私たちは知らなければならない。

経営者の罹る病気

①あまえ　②うぬぼれ　③おごり　④マンネリ　⑤やっかみ

――経営者はこの五つの心の病気に必ず罹《かか》る、

とユニ・チャーム創業者の高原慶一朗《たかはらけいいちろう》氏が言っている。

経営者だけではあるまい。

人は誰しも、その人生の途上でこの五つの病に侵されるのではないだろうか。

この心の病に勝つこと。

それこそが自らに勝つということである。

真の強者

「人に勝つ者は力有り。自らに勝つ者は強し」
と『老子《ろうし》』（第三十三章）は言う。
他人と争ってこれを打ち負かす者は力があると言えるが、
本当の強者ではない。
私欲私情を克服できる者、
すなわち私心に打ち勝つことができる者こそ、
真の強者である、ということである。

克己

克己《こっき》は古来、聖賢が等しく目指した道である。
思えば、天は人間にだけ克己という心を発達させた。
その心があることによって、人間の進歩向上はある。
そのことを我々は肝に銘じたいものである。

「主」という字

「主」という字の「丶」はロウソクの炎。
「王」は台のこと。
自分のいる環境を照らして生きる人のことを、主という。
命の炎を燃やして生きるとは、
自分が自分の人生の主人公となって生きることである。

松陰の気概

二度目の野山獄《のやまごく》下獄の時、
（吉田）松陰《しょういん》は（松下）村塾の壁にこの言葉を記した。

「松下陋村《しょうかろうそん》と雖《いえど》も誓って神国の幹とならん」

——松本村はひなびた寒村ではあるが、必ずや日本の背骨となろう。

松陰は塾生たちに、その場で励めばそこが華になると教えた。
その精神を結晶させたような言葉である。

いま、私たちが松陰に学ぶものは、この気概ではないか。

人にはそれぞれ与えられた場がある。
その場がたとえどんなにささやかであっても、
その場を少しでも高める。
そこに集う人々の心も高める。
そのことに心して、日々精励したいものである。
あなたはあなたのいる場を高めているだろうか。

人生に誓うものを持つ

「人間は、必ず一人には一人の光がある」とある先達は言った。
しかし、一人の光が真に光を放つには、それなりの条件が要る。
そしてその根本になるのが、
人生に誓うものを持つことではないか、
と思うのである。

運命をひらく鍵

与えられた条件の中で、
運命を呪《のろ》わず、不平不満を言わず、
いま自分にできる最善の努力をする
――運命を切りひらく鍵はそこにある。

是の処は即ち是れ道場

是の処は即《すなわ》ち是れ道場
――苦しい死の床にあるこの場所も自分を高めていく道場。

道元《どうげん》はこの言葉を唱えながら亡くなったという。

「はかない人生を送ってはならない。切に生きよ」

――道元が死の床で私たちに残した最期のメッセージをかみしめたいものである。

切に生きる

切に生きるとは、ひたすらに生きるということである。
いまこの一瞬一瞬をひたむきに生きるということである。
小我を忘れ、何かに懸命に打ち込むことである。
その時、生は本然《ほんぜん》の輝きを放つ。

人は人に生まれるのではない

カンボジアで、九歳の時に水牛の世話をしていて行方不明になった少女が、十八年ぶりに発見され保護されたというニュースがあった。

二十七歳になっている彼女はジャングルで暮らしていたらしく、言葉を理解せず、服は破り捨て、四つん這《ば》いで歩き、すっかり野生化しているという。

人は人に生まれるのではない、人になるのだ、ということを思い起こさせる話である。

教えに学び、教えを伝える

「教」は「孝」と「攵」から成る。
安岡正篤師は「孝」は親子だけのものではなく、
老若、新旧の連続・統一を意味し、
その断絶なきところに個人も民族も進歩、繁栄する、と説く。
「攵」は鞭《むち》でもって指し示すことだという。
教えとは何かが如実《にょじつ》である。
人は教えに学び、そして教えを伝承していかなければならない。

花と人

花は香り
人は人柄

自分を愛し、自分を敬う

父母《ちちはは》もその父母《ちちはは》もわが身なり　われを愛せよ我を敬せよ

——二宮尊徳の道歌

あなたの命は、あなた一人のものではない。
父母《ちちはは》、その父母《ちちはは》と幾世代にもわたり、連綿と続いてきた命。
その命の炎が一度も途切れることなく続いてきたからこそ、
あなたの命がある。あなたの身体の中には
幾百万、幾千万という先祖の連綿たる命の炎が燃えている。
そういう尊い命の結晶が自分であることに深い思いをはせ、
自分を愛し、自分を敬うような生き方をしなければならない。

人生の四季

地球が一公転するごとに季節の四季は巡《めぐ》る。
何度でも巡ってくる。
だが、青春、朱夏《しゅか》、白秋《はくしゅう》、玄冬《げんとう》——人生の四季は一回限りである。
人は皆いずれかの季節を、いま生きている。

真理はあふれている

真理は月の光のように満ちあふれている、と言ったのは誰だったか。
見る目を持った人が見れば、
人を幸福に導く真理は至るところにあふれているのに、
それに気づき、つかもうとする人がいないことを示唆した言葉である。

不撓不屈

一道一業を拓き、興した人に例外なく備わっているものがある。
どんな困難に遭っても怯《ひる》まず、挫《くじ》けない
――不撓不屈《ふとうふくつ》の心である。

不撓不屈の境地

我意を通すだけでは不撓不屈にはなれない。
何か大きなもののために自分を委《ゆだ》ねた時、
はじめて不撓不屈の境地に至る。

年を取る意味

松原泰道《たいどう》老師がよく口にされる『法句経《ほっくきょう》』の言葉がある。

「頭白《こうべ》しとて
このことによりてのみ
彼は長老《おさ》たらず
彼の齢《よわい》
よし熟したりとも
これ空しく

老いたる人とのみ
よばれん」
高齢者になったから尊いのではない。
高齢者になってもなお道を求めてやまないところに年を取る意味はあるのだ、
と師は言われる。

第五章

利他に生きる

傳家寶

安岡正篤師も人間の生きるべき道を生涯追求した人である。
その安岡師がある人の依頼で作った家訓がある。
豊かな人生を生きる道標を示して、味わい深い。

傳家寶《でんかほう》

一、我が幸福は祖先の遺恵《いけい》、子孫の禍福《かふく》は我が平生《へいぜい》の所行《しょぎょう》にあること、已《すで》に現代の諸学にも明らかなり。

二、平生、己を省《かえり》み、過《あやま》ちを改め、事理を正し、恩義を厚くすべし。百薬も一心の安きに如《し》かず。

三、良からぬ習慣に狎《なれ》るべからず。人生は習慣の織物と心得べし。
四、成功は常に苦心の日に在り。敗事は多く得意の時に因《よ》ることを覚《さと》るべし。
五、事の前に在りては怠惰《たいだ》、事に当っては疎忽《そこつ》、事の後に於《おい》ては安逸《あんいつ》、是れ百事成らざる所以《ゆえん》なり。天才も要するに勤勉のみ。
六、用意周到なれば機に臨んで惑《まど》うことなし。信心積善すれば変に遭うて恐るることなし。
七、不振の精神・頽廃《たいはい》せる生活の上には、何ものをも建設する能《あた》わず。永久の計は一念の微《び》にあり。

（『安岡正篤一日一言』より）

無財の七施

『雑宝蔵経《ぞうほうぞうきょう》』は、

「仏説《ほとけと》きたもうに七種施あり。財物を損せずして大果報を得ん」

として、七つの方法を示している。


一は「眼施《げんせ》」——やさしいまなざし。

二は「和顔悦色施《わがんえつじきせ》」——慈愛に溢れた笑顔で人に接する。

三は「言辞施《げんじせ》」——あたたかい言葉。

四は「身施《しんせ》」——自分の身体を使って人のために奉仕する。

五は「心施《しんせ》」――思いやりの心を持つ。
六は「床坐施《しょうざせ》」――自分の席を譲る。
七は「房舎施《ぼうしゃせ》」――宿を貸す。

真剣に生きる

ある高校で夏休みに水泳大会が開かれた。
種目にクラス対抗リレーがあり、
各クラスから選ばれた代表が出場した。
その中に小児マヒで足が不自由なA子さんの姿があった。
からかい半分で選ばれたのである。
だが、A子さんはクラス代表の役を降りず、水泳大会に出場し、
懸命に自分のコースを泳いだ。
その泳ぎ方がぎこちないと、

プールサイドの生徒たちは笑い、野次った。
その時、背広姿のままプールに飛び込んだ人がいた。
校長先生である。
校長先生は懸命に泳ぐA子さんのそばで、
「頑張れ」「頑張れ」と声援を送った。
その姿にいつしか、生徒たちも粛然《しゅくぜん》となった。

喜びの種をまく

「人にしてもらったら、手を合わせて、ありがとうと言えばよい。
言われた人はきっと喜ぶ。
感謝のひと言で喜びの種をまくことができる」

喜びと悲しみの法則

「喜べば喜びが、喜びながら喜び事を集めて喜びに来る。
悲しめば悲しみが、悲しみながら悲しみ事を集めて悲しみに来る」

若い頃、ある覚者から教わった言葉である。

喜びの種をまこう

東井義雄先生からいただいた詩を紹介したい。

雨の日には雨の日の
悲しみの日には悲しみをとおさないと見えてこない
喜びにであわせてもらおう
そして
喜びの種をまこう
喜びの花を咲かせよう
ご縁のあるところ
いっぱいに……

一回しかない命

過去にも未来にも自分と同じ人間は生まれていないし、
これからも生まれてこない。
自分は広大無辺の時空の中で、
たった一つの、たった一回しかない命を生きている存在なのである。

人生を潤す言葉

坂村真民さんの詩が甦《よみがえ》ってくる。

よい本を読め
よい本によって己を作れ
心に美しい火を燃やし
人生は尊かったと
叫ばしめよ

よい本はよい言葉、人生を潤す言葉と置きかえてもよいだろう。

よい言葉、人生を潤す言葉に触れ、口ずさみ、心に美しい火を燃やし、尊かったと言える人生を歩みたいものである。

苦しい時に口ずさむ言葉

人間はそれほど強いものではない。
苦しいこと、悲しいことに胸ふさがれる日もある。
気力が萎《な》える時もある。
そういう時、どういう言葉を口ずさんでいるか。
それが運命を左右することもある。

二つの教授法

王陽明《おうようめい》は『伝習録《でんしゅうろく》』の中で、

「世の学を講《こう》ずる者に二あり」と、二つのタイプを挙げている。

「これを講ずるに身心を以《もっ》てする者あり。
これを講ずるに口耳《こうじ》を以てする者あり」

他から聞いた話を受け売りする者が「口耳を以てする者」であり、
実践を通して体得したものを説く人が「身心を以てする者」である。

人のために生きる

木村ひろ子さんは生後間もなく脳性マヒになった。手足は左足が少し動くだけ。ものも言えない。しかも三歳で父が、十三歳で母が亡くなった。小学校にも中学校にも行けなかった。わずかに動く左足に鉛筆を挾んで、母に字を習った。彼女の詠んだ短歌がある。

不《ふ》就学《しゅうがく》なげかず左足に辞書めくり漢字暗記す雨の一日を

左足で米をといでご飯を炊き、墨をすって絵を描き、
その絵を売って生計を立てた。
自分のためにだけ生きるなら芋虫も同じと、
絵の収入から毎月身体の不自由な人のために寄付をした。

運命の女神

思えば、これまで『致知』にご登場いただいた人たちは一様に、人生に果敢に挑んでいった、人生の挑戦者であった。

そして、それらの人たちに共通して浮かび上がってくる資質がある。

それをひと言で言えば、「前向き」ということである。

「後ろ向き」に挑戦して成功した人はいない。

運命の女神はそういう人を根こそぎ押し流してしまう。

運命の女神は「前向き」の人にのみ微笑《ほほえ》むのである。

願われて生きている

私たちは眠っている間も息をしている。
心臓の鼓動も自分が動かしているわけではない。
死ぬほど辛いことがあっても、
胸に手を当てた時、ドキドキしていたら、
「辛かろうが、しっかり生きてくれよ」
と仏さまの願いが働いていてくれる、と考え直してほしい。
願われて生きている自分であることを忘れないでほしい
――東井義雄さんがすべての人に託した心願《しんがん》である。

成徳達材

人は何のために学ぶのか。安岡正篤師は言っている。

学は己の為《ため》にす
己を為《おさ》むるは安心立命を旨《むね》とす
志は経世済民《けいせいさいみん》に存す
志を遂《と》ぐるは学に依《よ》る
学に依って徳を成し材を達す
成徳達材《せいとくたつざい》を立命とす

人は自分を創るために学ぶのだ。
そして、人生のあらゆる艱難辛苦《かんなんしんく》にあっても動じないように、
自分を為《おさ》めていく。
自分を創るのは利己のためではない。
世のため人のために自分を役立てるためである。
自分を役立てるには、自己の徳を大成し、
自己の才能・能力を錬磨《れんま》、向上させていかねばならない。
それが学の本質である。
成徳達材することによって、よりよき運命を創っていくのだ
――安岡師の言葉は明快である。

人の使命

人は皆、天から徳と材を与えられて生まれてくる。
その授かった徳と能力を発揮し、
それぞれの運命を高めていくことこそ、
人としてこの世に生を受けた
すべての人に課せられた使命である。

日本人

フランスの詩人ポール・クローデルは
一九二一～二七（大正十～昭和二）年まで駐日大使を務めたが、
第二次大戦で日本の敗色が色濃くなった一九四三（昭和十八）年、
パリで言った。
「日本は貧しい。しかし、高貴だ。
世界でどうしても生き残ってほしい民族をあげるとしたら、
それは日本人だ」

ほん気できけよ

みんな集つてほん気できけよ
まづ第一に毎朝起きたら
あの高い天を見たまへ
お天気なら太陽
雨なら雲のゐる処だ
あそこがみんなの命のもとだ
いつでもみんなを見てゐてくれるお先祖さまだ……
えらい人や名高い人にならうとは決してするな

持つて生まれたものを深くさぐつて強く引き出す人になるんだ
天からうけたものを天にむくいる人になるんだ
それが自然と此《こ》の世の役に立つ

――高村光太郎の詩

天地の心にかなう生き方

自分の体、自分の命は自分のもの、と私たちは思っている。
だが、すべては天地から借り受けたものなのだ、ということである。
天地から借り受けたものならば、
粗末《そまつ》にせず、その価値を十分に発揮させ、
時期がきたらお返しする。
それこそが天地の心にかなう生き方であろう。

執念と愛情

人が事を成す上で欠かせないものは、執念である。
努力は誰でもする。
その努力が執念と呼べるほどのものになって、事は成る。
その執念を生み出すもとは、仕事に対する愛情である。
偉大な愛情と執念といえるほどの努力。
この二者が相まって初めて事は成る。
歴史の真理である。

やってやれないことはない

百歳で三十年分の仕事の材料を買い込んだという
彫刻家、平櫛田中《ひらぐしでんちゅう》さんの言葉。

実践実践また実践
挑戦挑戦また挑戦
修練修練また修練
やってやれないことはない
やらずにできるわけがない
今やらずしていつできる
わしがやらねばだれがやる

真のユーモア

人生を真剣に生きた人ほどユーモアがある。
真のユーモアは真剣の極みから生まれるのかもしれない。

上求菩提、下化衆生

松原泰道先生に教わったことは数え切れない。

中でも耳の奥に響いている言葉がある。

「仏教の教えの真髄は、ひと言で言うと、何か」

という当方の問いに、示された一語である。

「上求菩提《じょうぐぼだい》。下化衆生《げけしゅじょう》」

上求菩提は自己の人間性を向上させること、
下化衆生は少しでも人のために尽くすことである。

苦労の上に花が咲く

中国の古典『孟子《もうし》』にこういう言葉がある。

人の徳慧《とくけい》、術知ある者は恒《つね》に疢疾《ちんしつ》に存す――。

あの人には徳があるなぁ、あの人には知恵があるなぁ、
という人をじっくりと見てごらんなさい。
必ず、人生のどこかで人に言えないような辛酸《しんさん》や困難や病苦を経てきた人だ、
という意味である。

山坂を越える

人生は平坦な道ばかりではない。
いくつもの曲がりくねった道や厳しい山坂もある。
過程にある時はその山坂を呪いたくなるが、越えてみると
その山坂が人生という風景を際立たせてくれるものであることがわかる。
山坂を越えなければ、つかめない真実というものもある。

心をひらく

人生をひらくとは心をひらくことである。
心をひらかずに固く閉ざしている人に、人生はひらかない。

孔子が志したもの

「吾《われ》十有五にして学を志す」——『論語』にある有名な言葉である。

ここにいう「学」は、今日の学校の勉強とは異なる。

孔子は十五歳の時に「大人《たいじん》」になろうと志した、ということである。

人の上に立って人びとによい影響を与えるのが大人である。

人の上に立っても人びとに悪い影響を与えるのは、大人ではない。

強く生きる

強く生きるとは、「主体的に生きる」ということだろう。
状況に振り回されるのではなく、状況をよりよく変えていく生き方である。
「覚悟を決めて生きる」と言い換えることもできよう。

発展繁栄の法則

すべての繁栄は人から始まる。
ひとりの人間が自らの人生を発展繁栄させていくことが、
そのまま組織の発展繁栄に繋《つな》がる。

人を育てる原点

人格の土台を創るのは家庭である。
一家の習慣、教養、風儀《ふうぎ》が子供の人格の核を創る。
人を育てる原点である。

「自反尽己」に生きる

私たちの先祖は「自反尽己《じはんじんこ》」に生きたのだ。
自反とは指を相手に向けるのではなく、自分に向ける。
すべてを自分の責任と捉え、自分の全力を尽くすことである。
そういう精神風土を保ち続けたところに、この国の繁栄の因《いん》がある。

第六章

道をひらく

人生に信条を持つ

人生に信條を持つ持たないは大事である。

信條を持たない人は人生の途上に立ちこめる雲霧《うんむ》に道を失いがちである。

人は信條を持つことで、人生を軌道修正することができる。

その願いを込めて、ことに若い読者に贈りたい詩がある。

ドイツの詩人ツェーザル・フライシュレン（一八六四〜一九二〇）の『心に太陽を持て』（訳・山本有三）である。

心に太陽を持て／あらしがふこうと／ふぶきがこようと／
天には黒くも／地には争いが絶えなかろうと／いつも、心に太陽を持て／
唇に歌を持て／軽く、ほがらかに／自分のつとめ／自分のくらしに／
よしや苦労が絶えなかろうと／いつも、唇に歌を持て／
苦しんでいる人／なやんでいる人には／こう、はげましてやろう／
「勇気を失うな　唇に歌を持て　心に太陽を持て」

学問の根幹

安岡正篤先生は陽明学者と言われることを嫌われた、という。
五十年安岡先生に師事された伊與田《いよた》覺《さとる》氏から伺った。
さらにこうも付言された、という。
「自分の形骸《けいがい》を学んではいけない。
自分は孔子が求めようとしたところを学んできた。
私が学ぼうとしたものを学びなさい」
この言葉は伊與田氏の学問的信條の根幹となった。

学問なき美徳

どんな美徳も学問による鍛錬を経ない限り、悪弊《あくへい》となる。

何事にも萌芽がある

「功《こう》の成《な》るは成るの日に成るに非《あら》ず。
けだし必ず由《よ》って起る所あり。
禍《わざわい》の作《おこ》るは作る日に作らず。
また必ず由って兆《きざ》す所あり」
蘇老泉《そろうせん》の「管仲論《かんちゅうろん》」にある言葉である。
人が成功するのは、ある日突然成功するわけではない。
平素の努力の集積によって成功する。
禍が起こるのも、その日に起こるのではない。
前から必ずその萌芽《ほうが》があるということである。

運をつかむ

運をつかむには、運に恵まれるにふさわしい体質を作らなければならない。
言い換えれば、
運を呼び寄せ、やってきた運をつかみ取るだけの実力を養わなければならない、
ということである。

一体化する

名人達人と言われる人たちがいる。
そういう人たちには共通した資質がある。
それは対象と一体になっている、ということである。
鉄砲撃ちの名人は遠くの獲物も一発で仕留める。
弓の達人も的のど真ん中を射抜く。
狙った対象と一体になっているからである。

人生の真の楽しみ

名人達人の域に達した人たちが等しく抱く感慨《かんがい》がある。

「精進《しょうじん》の中に楽《らく》あり」


人生の真の楽しみは、ひたすらな努力、精進する中にこそ潜んでいるということである。

それはレジャー、娯楽から得る安逸《あんいつ》な楽しみよりもはるかに大きく深い、人間の根源から湧き起こる楽しみである。

その楽しみを知っているのが名人達人である、とも言える。

知識・見識・胆識

知識は大事である。
人格形成の土台となるからだ。
だが、知識はたいてい雑識程度に終わる。
雑識は人格を統一する力にはならない。
その知識がいろいろな体験を積み、
人生的修行を重ねることで、
見識になっていく。
見識は物事を判断する基準になる。

判断したものを実行する。
その勇気、度胸。
これが胆識《たんしき》である。
いかに知識、見識があっても実行しなければ、
実生活も事業も立派にはできない。
胆識を養うことは、
リーダーの不可欠な要素である。

別物の太陽

「ロープウェイできた人は、登山家と同じ太陽を見ることはできない」
フランスの哲学者、アランの言葉である。
なんの苦労もせずに簡単に登ってきた人が見る太陽は、
厳しい鍛錬を重ねて自分の足で頂上に辿《たど》り着いた人が見る太陽とは別物だ、
というのである。

道をつくる

道をつくった人は、道をつくろうと思った人である。
その思いを強く熱く反復した人である。
行ったり来たりする中で道はできる。
一回通っただけでは道はできない。
このことは歴史が教えている。

一源三流

「一源三流《いちげんさんりゅう》」という古語がある。
「一源」は誠、誠実である。
この誠、誠実を源にして、
　一、汗を流す
　二、涙を流す
　三、血を流す
すなわち、「三流」である。

汗を流すとは勤勉、努力すること、一心不乱に打ち込むことである。
涙を流すとは降りかかる困難に耐えて人知れず涙を流す、
あるいは達成の喜びに感動の涙を流すこと。
血を流すとは命を込める、
命をかけることである。

「一源三流」は人をつくり、道をつくる万古不易《ばんこふえき》の原理である。

滴骨血

滴骨血、という言葉がある。
「てきこっけつ」と読む。
王陽明の言葉である。
師は自分の血を弟子の骨に注ぎこむ。
弟子もその血を骨に吸い込むように受け取る。
心血を心骨に注ぐ。
教えの伝授はそういうものでなければならない、ということである。

思いをこめる

人はいかなる立場、境遇にあろうと一念を堅持し、
その一念に思いをこめることで、いかなる状況も創新することができる。

青春と修養

一生青春の人生を送る人は常に、心の工夫用力を怠らない人である。即《すなわ》ち修養を怠らない人である。青春と修養は一対である。

何のために学ぶのか

人は何のために学ぶのか。
自分を磨くためである。
自分を磨いて、人生を全うするためである。
どんな環境にいても、
その環境を生かして幸福のメロディを奏《かな》でることが、
この世に生を受けた者に課せられた使命だと思う。

学問の要訣

明末の儒者、呂新吾にこういう言葉がある。
「学問の要訣《ようけつ》はただ八箇《はっこ》の字にあり。
徳性を涵養し、気質を変化す」
人が学ぶのは思いやりや誠実、勤勉、忍耐の心といった徳性というものを
養い育て、悪い気質を良い気質に改めていくためだ、というのである。
私たちは人間性を練り、自らの人格を高め、深めていくために学ぶのだ。
人間学を学ぶ要訣はそこにある。

すべては自分

呂新吾はさらに言う。

「我を亡《ほろ》ぼす者は我なり。

人、自ら亡ぼさずんば、誰か能《よ》く之を亡ぼさん」

どういう人生を送るか。すべては自分にある。

発心・決心・持続心

さあ、やるぞ、と心を奮い立たせるのが「発心」である。
やると心に決めたことを実行するのが「決心」である。
そして、その決心をやり続けるのが、「持続心」である。

発心・決心・持続心―2

発心、決心はするが、持続しない人は、
動き出したと思ったらすぐにエンストを起こす車のようなものである。
誰からも見向かれなくなる。
私たちは自分をエンストばかりする欠陥車にしてはならない。

コツコツと

小さな努力をコツコツと、久しく積み重ねること。
これこそが自己を偉大な高みに押し上げていく唯一の道なのである。

真の志

〈そもそも真の志とは、
自分の心の奥底に潜在しつつ、常にその念頭に現れて、
自己を導き、自己を激励するものでなければならぬ〉（森信三）

本を読んで感心したり、人から話を聞いてその時だけ感激しても、
すぐに忘れるようでは真の志ではない。

見えないものへの畏敬

目に見えないものへの畏敬、尊崇の念は、
自らを律し、慎む心を育んでいく。

世界をつくるもの

目に見えないものが目に見える世界をつくる
——その大事さに私たち一人ひとりが目覚め、
新しい人生を生きなければならない。

自分を照らす

自分という場を照らす。
それがそのまま周囲を照らす光になる。

掘り抜かなければならない山

人は皆、掘り抜かなければならない山を持っている、
とはある先人の言葉である。
掘り抜かなければならない山。
それはその人だけに与えられた課題、といってよいだろう。
その山を掘り抜いた先に拓けるのが新たな地平である。
山は一つとは限らない。
私たちは先人の足跡に学びつつ、常に自らの山を掘り抜き、
新たに地平を拓いていかなければならない。
天の意に叶《かな》う生き方もそこにある。

天からの試練

天は試練を与えてその人を試す、という言葉がある。
天はその人の魂を磨き、人格をさらに成長させるために試練を与えるのだ、
ともいわれる。
天は無常無自性《むじょうむじせい》である。絶えず変化し、一瞬もとどまらない。
そして、その働きは善悪という人間の価値判断をはるかに超越している。
それが時として、言語を絶する試練を人間に与えることにもなる。

日本人の美質

勤勉性と忠誠心。
この二つの美質によって日本は六十七年前の壊滅的試練を乗り越え、
今日の繁栄を築いた。
この先人の足跡に、私たちは多くを学ばなければならない。

リーダーの資質

一にバイタリティ、二に楽天性、三に絶えざる自己修練。
この三つはいつの世もリーダーに欠かせない資質といえる。
国も会社も家庭も、そこにどういうリーダーがいるかで決まる。
どういうリーダーがいるかで、国、会社、家庭の浮沈《ふちん》、盛衰が左右される。
いつの時代も問われるのは、リーダーの器量である。

事業は人業

あらゆる仕事・事業は人物に尽きる。
担当する人間の人物いかんが仕事・事業の盛衰を決める。
事業は人業《じんぎょう》といわれる所以である。
私たちが人物を創らねばならぬ必要もここにある。

人物を創る

人物を創るにはどうしたらいいのか。
まず、人物になろうと志すことだ、と多くの先哲が教えている。
人物になろうと思わなくては人物になれない。
第二は時処位《じしょい》の自己限定である。
人は誰でも一つの時代に一つの処で一つの位置・立場を得て生きている。
その時処位で他を願わず精一杯努力をすることである。

第三は自反である。
他責の人ではなく、自責の人たれ。
他のせいにしている限り、知恵は湧いてこない。人物は磨かれない。

心一つの置きどころ

同じ状況を豊かな実りにする人もいれば、不平不満の種にする人もいる。
すべては心一つの置きどころ。

あとがき

人間学の雑誌『致知』は今年、創刊三十四周年になります。『致知』は毎号特集を組む方針をとっていますが、十年ほど前から、その特集テーマを概括《がいかつ》する一文（総リードといいます）を掲載してきました。

一ページのささやかなものですが、毎号毎号に命を吹き込む思いで懸命に書き続けて参りました。この総リードをまとめて刊行した『小さな人生論』は幸いにも皆様のご支持をいただき、シリーズとして全五巻を数えるまでになりました。一つ事を倦《う》まず弛《たゆ》まず続けることの大きさを思わずにはいられません。

このたび、『小さな人生論』全五巻から特に心に残る言葉を選び出し、ポケットに入れて持ち歩ける人間学の本、という発想で本書を企画いたしました。

本書を編む作業の中で強く心に浮かんでくる一つの言葉がありました。『正法眼蔵随聞記《しょうぼうげんぞうずいもんき》』にある道元の言葉です。

「霧の中を行けば覚えざるに衣しめる、と。

よき人に近づけば覚えざるによき人となるなり」

霧の中を歩んでいると、気がつかないうちに衣がしめっている。すぐれた人に親しんでいると、いつの間にか、自分も高められているという意味です。

この言葉は私自身の心に深く響いてくるものがあります。

浅学菲才《せんがくひさい》の身が今日までこうして歩ませていただいてきたのは、まさに、『致知』三十四年の歴史の中で多くのすぐれた先達に出会いをいただいたからです。

ここに記された言葉はそういう多くの先達との出会いの中から、私自身が感動をもって受け継いできたものです。

本書を手にした人たちが、折につけポケットからこの本を取り出し、よき人の言葉をシャワーのように浴び、自分の人生を溌溂颯爽と生きていくためのよすがとしてくだされば、これ以上の喜びはありません。

また、浴びた言葉を材料に、友人知人と人生論を語り合う風潮が、若い世代の間に起こってくることを祈念してやみません。本書に込める願いはそのことです。

平成二十四年四月吉日

藤尾　秀昭

本書は、『小さな人生論1〜5』の中から言葉を抜粋し、編集したものです。

著者略歴

藤尾秀昭（ふじお・ひであき）

昭和53年の創刊以来、月刊誌『致知』の編集に携わる。54年に編集長に就任。平成4年に致知出版社代表取締役社長に就任。現在代表取締役社長兼主幹。
『致知』は「人間学」をテーマに一貫した編集方針を貫いてきた雑誌で、平成30年、創刊40年を迎えた。有名無名を問わず、「一隅を照らす人々」に照準をあてた編集は、オンリーワンの雑誌として注目を集めている。
主な著書に『現代の覚者たち』『小さな人生論1～5』『小さな修養論1～5』『小さな経営論』『心に響く小さな5つの物語Ⅰ～Ⅲ』『プロの条件』『安岡正篤 心に残る言葉』がある。

ポケット名言集
「小さな人生論」

平成二十四年五月二十五日第一刷発行
令和　四　年七月二十五日第七刷発行

著　者　藤尾　秀昭
発行者　藤尾　秀昭
発行所　致知出版社
〒150-0001東京都渋谷区神宮前四の二十四の九
TEL（〇三）三七九六—二一一一
印刷・製本　中央精版印刷

ISBN978-4-88474-959-0 C0095
ホームページ　http://www.chichi.co.jp
Eメール　books@chichi.co.jp